In loving memory of :

____

Date: ___ / ___ / ___

This is how I feel todaye:

Date: ___ / ___ / ___

Date: __ / __ / __

This is how I feel todaye:

Date: ___ / ___ / ___

Date: ___ / ___ / ___

This is how I feel todaye:

Date: ___ / ___ / ___

Date: ___ / ___ / ___

This is how I feel todaye:

This is how I feel todaye:

Date: __ / __ / __

This is how I feel todaye:

Date: __ / __ / __

This is how I feel todaye:

Date: ___ / ___ / ___

This is how I feel todaye:

Date: __ / __ / __

This is how I feel todaye:

Date: __ / __ / __

This is how I feel todaye:

Date: ___ / ___ / ___

This is how I feel todaye:

Date: __ / __ / __

This is how I feel todaye:

Date: ___ / ___ / ___

This is how I feel todaye:

Date: __ / __ / __

This is how I feel todaye:

Date: ___ / ___ / ___

This is how I feel todaye:

Date: ___ / ___ / ___

This is how I feel todaye:

Date: __ / __ / __

This is how I feel todaye:

Date: __ / __ / __

This is how I feel todaye:

Date: ___ / ___ / ___

This is how I feel todaye:

Date: ___ / ___ / ___

This is how I feel todaye:

Date: ___ / ___ / ___

This is how I feel todaye:

This is how I feel todaye:

Date: __ / __ / __

This is how I feel todaye:

Date: __ / __ / __

This is how I feel todaye:

Date: __ / __ / __

This is how I feel todaye:

Date: __ / __ / __

This is how I feel todaye:

Date: ___ / ___ / ___

This is how I feel todaye:

Date: ___ / ___ / ___

This is how I feel todaye:

Date: __ / __ / __

This is how I feel todaye:

Date: ___ / ___ / ___

This is how I feel todaye:

Date: __ / __ / __

This is how I feel todaye:

Date: __ / __ / __

This is how I feel todaye:

Date: __ / __ / __

This is how I feel todaye:

Date: ___ / ___ / ___

This is how I feel todaye:

Date: ___ / ___ / ___

This is how I feel todaye:

Date: __ / __ / __

This is how I feel todaye:

Date: __ / __ / __

This is how I feel todaye:

Date: __ / __ / __

This is how I feel todaye:

Date: ___ / ___ / ___

This is how I feel todaye:

Date: ___ / ___ / ___

This is how I feel todaye:

Date: ___ / ___ / ___

This is how I feel todaye:

Date: __ / __ / __

This is how I feel todaye:

Date: ___ / ___ / ___

Date: ___ / ___ / ___

This is how I feel todaye:

Date: ___ / ___ / ___

Date: __ / __ / __

This is how I feel todaye:

Date: ___ / ___ / ___

This is how I feel todaye:

This is how I feel todaye:

Date: ___ / ___ / ___

This is how I feel todaye:

Date: __ / __ / __

This is how I feel todaye:

Date: ___ / ___ / ___

This is how I feel todaye:

Date: __ / __ / __

This is how I feel todaye:

This is how I feel todaye:

Date: ___ / ___ / ___

This is how I feel todaye:

Date: __ / __ / __

This is how I feel todaye:

Date: __ / __ / __

This is how I feel todaye:

Date: ___ / ___ / ___

This is how I feel todaye:

Date: ___ / ___ / ___

Date: ___ / ___ / ___

Date: __ / __ / __

This is how I feel todaye:

Date: __ / __ / __

This is how I feel todaye:

Date: __ / __ / __

This is how I feel todaye:

Date: __ / __ / __

This is how I feel todaye:

Date: __ / __ / __

This is how I feel todaye:

Date: ___ / ___ / ___

Date: ___ / ___ / ___

This is how I feel todaye:

Date: ___ / ___ / ___

This is how I feel todaye:

Date: ___ / ___ / ___

This is how I feel todaye:

Date: ___ / ___ / ___

This is how I feel todaye:

Date: ___ / ___ / ___

This is how I feel todaye:

Date: ___ / ___ / ___

This is how I feel todaye:

Date: ___ / ___ / ___

This is how I feel todaye:

Date: __ / __ / __

This is how I feel todaye:

Date: ___ / ___ / ___

This is how I feel todaye:

Date: ___ / ___ / ___

This is how I feel todaye:

Date: ___ / ___ / ___

This is how I feel todaye:

Date: __ / __ / __

This is how I feel todaye:

Date: __ / __ / __

This is how I feel todaye:

This is how I feel todaye:

Date: ___ / ___ / ___

This is how I feel todaye:

Date: ___ / ___ / ___

This is how I feel todaye:

Date: __ / __ / __

Date: __ / __ / __

This is how I feel todaye:

Date: ___ / ___ / ___

This is how I feel todaye:

Date: __ / __ / __

This is how I feel todaye:

Date: __ / __ / __

This is how I feel todaye:

This is how I feel todaye:

Date: __ / __ / __

This is how I feel todaye:

Date: __ / __ / __

This is how I feel todaye:

Date: ___ / ___ / ___

This is how I feel todaye:

Date: ___ / ___ / ___

This is how I feel todaye:

Date: ___ / ___ / ___

This is how I feel todaye:

Date: __ / __ / __

This is how I feel todaye:

Date: ___ / ___ / ___

This is how I feel todaye:

Date: ___ / ___ / ___

This is how I feel todaye:

____

____

____

____

____

____

____

____

____

____

____

____

____

____

____

____

____

____

____

____

This is how I feel todaye:

____

____

____

____

Date: ___ / ___ / ___

This is how I feel todaye:

Date: ___ / ___ / ___

This is how I feel todaye:

Date: __ / __ / __

This is how I feel todaye:

Date: __ / __ / __

This is how I feel todaye:

Date: ___ / ___ / ___

This is how I feel todaye:

Date: ___ / ___ / ___

This is how I feel todaye:

Date: ___ / ___ / ___

This is how I feel todaye:

Date: __ / __ / __

This is how I feel todaye:

Date: __ / __ / __

This is how I feel todaye:

Date: __ / __ / __

This is how I feel todaye:

Date: ___ / ___ / ___

This is how I feel todaye:

Date: ___ / ___ / ___

This is how I feel todaye:

Date: ___ / ___ / ___

This is how I feel todaye: